Tudo que Habita em Mim

Beatriz Novaes

Dados Internacionais de Catalogação na Publicação (CIP)
(Câmara Brasileira do Livro, SP, Brasil)

Novaes, Beatriz
    Tudo que habita em mim / Beatriz Novaes ;
[ilustração da autora]. -- 1. ed. -- Maceió, AL :
Ed. da Autora , 2023.

    ISBN 978-65-00-63983-4

    1. Poesia brasileira I. Título.

23-147545   CDD-B869.1

Índices para catálogo sistemático:

1. Poesia : Literatura brasileira   B869.1

Aline Graziele Benitez - Bibliotecária - CRB-1/3129

prefácio

esse não é um livro sobre vilões, arrependimentos ou
corações partidos.
esse livro é sobre os altos e baixos, os dias bons e ruins,
os sucessos e os fracassos, e tudo que sentimos no meio
tempo. é sobre, acima de tudo, sentir. porque sentir é
uma prova de que estamos vivos. e viver pode doer, mas
a dor dá lugar à cura.

eis o que me faz lutar por você
sou plenamente capaz de ser sozinha
posso fazer tudo o que sempre sonhei sem a sua ajuda
posso viver uma vida plena e completa
sem você
posso realizar meus sonhos e correr atrás dos meus
objetivos sem você ao meu lado
posso
mas todas as vezes
escolho te ter ao meu lado
porque eu posso
mas não quero

- é uma escolha

sei que muito do que sonho talvez nunca se cumpra
estou ciente das impossibilidades e dos números contra
mim
sei que a estrada é difícil e longa,
e que posso até mudar de ideia no meio do caminho
mas quando eu te conto esses sonhos
eu não quero ouvir o que pode dar errado,
as estatísticas contra mim,
o quão difícil será,
ou que posso não ser capaz
eu já sei de tudo isso
tudo o que quero é o seu apoio
que viaje comigo nesse cenário utópico,
eu só quero que me ouça
sem me julgar,
sem me pôr para baixo
achando que está me fazendo um favor ao mostrar a
realidade

apenas fique do meu lado

é hora de cortar esse laço
de seguir e parar de olhar para trás
você não está mais lá
e nem eu

a gente viveu e passou por muita coisa
você esteve lá por mim quando ninguém mais esteve
você enxugou minhas lágrimas e me abraçou quando eu
mais precisei
e eu estou bem agora, muito obrigada por tudo

não me entenda errado, eu me importo com você
me importo em ver teu sorriso e em te fazer feliz como eu
puder
quero que seja feliz e que continue buscando e
alcançando tudo o que procura

você foi para mim o que ninguém nunca conseguiu ser
e você foi da maneira mais inesperada possível
ninguém acreditava em nós
mas eu acreditei
lutei por você, lutei até quando eu já não tinha mais
forças
e eu acho que você sabe bem disso
mesmo que negue a si mesma

eu gostaria muito que continuássemos juntas lado a lado

como estivemos até aqui
nos ajudamos demais
crescemos muito
choramos e rimos juntas

mas é hora de cortar esse laço
esse lugar já não nos pertence
é hora de seguir
pessoas vão embora
e chegou a nossa hora de ir também

guardarei todos os teus segredos
não se preocupe, eles estarão seguros
terei respeito por tudo o que vivemos
te terei nas minhas lembranças mais bonitas,
nas nossas fotos nos meus álbuns,
nos lanches que dividíamos,
e em todas as conversas que já tivemos

eu te desejo o melhor

amar é por vezes ter seu coração partido
errar, errar e errar
se arrepender várias e várias vezes
porque daquela vez ainda não era para ser
é chorar amargamente
e talvez até desejar nunca ter amado

mas amar é tentar novamente
de novo e de novo
mesmo depois de ter certeza que essa coisa de amor é
invenção
ou que não é para você
é errar vez após vez
na esperança
de que o novo amor
seja o certo

não é você
que não está tentando
o suficiente

é o outro lado
que não está tentando
o mínimo

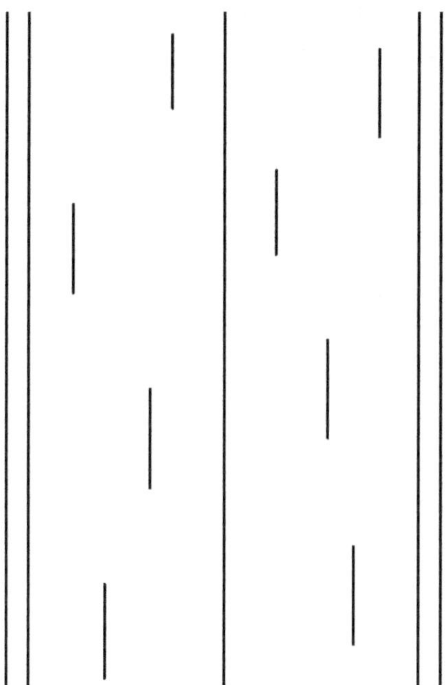

que se desculpe você
não vou me desculpar por ter te deixado entrar
por ter te feito morada
e confiado em você
não vou me desculpar por ter lutado e me importado,
por ter respeitado seu espaço
e por ter te dado espaço para crescer

que se desculpe você
por ter me jogado fora e me culpado por estar na rua
que se desculpe você
por não ter percebido que nunca deixou de ter morada
em mim
ou que nunca significou menos

que se desculpe você

eu fiz minha parte

eu cresci
aprendi a ser melhor,
lidar com coisas que antes me atormentavam a noite
essa casca já não me serve mais
eu me reinventei
e me tornei muito maior
do que aquela ideia que você tinha de mim
não olhe para trás
eu não estou mais lá
estou voando alto agora
sem medo de mudar de novo se eu precisar

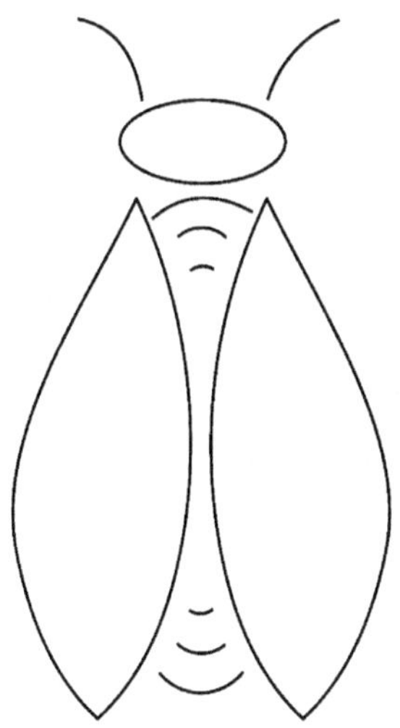

querida, você não o amava
você amava a ideia de ser amada por ele
amava a ideia de amar e ser amada de volta
simultaneamente, e pela mesma pessoa
você não o amava
você amava a ideia dele na sua vida

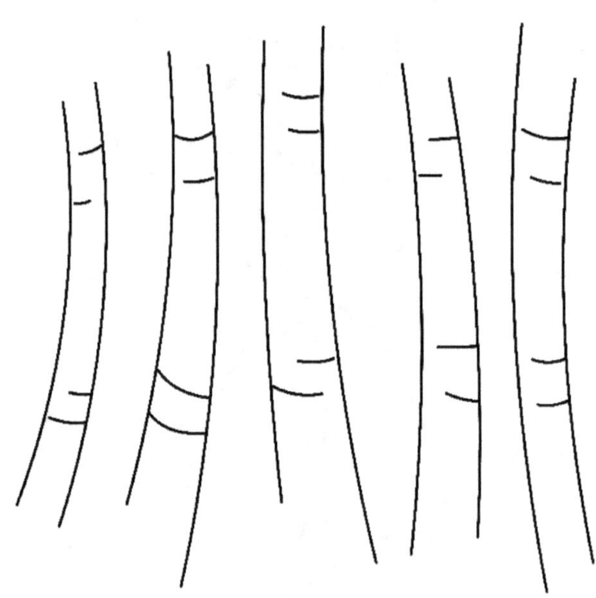

eu não posso te ajudar
sinto muito, de verdade,
mas não posso ser a cura que você precisa
não posso te salvar
acredite, eu já tentei antes,
mas eu não posso
não tenho o poder ou o conhecimento para isso
não sou capaz de te dar a ajuda que fará a diferença
sinto muito
tudo o que posso fazer
é te aconselhar e incentivar
a procurar a verdadeira ajuda
e esperar que veja isso
como um ato de amor e cuidado
porque é
e eu te amo demais para te deixar acreditar
que sou capaz de te salvar
não sou
mas posso te ajudar a encontrar a ajuda
que será

esperar é provavelmente uma das coisas mais difíceis de
se fazer
se permitir estar vulnerável
impotente
entender que há algo maior do que você e do seu poder
de ação,
aprender que as coisas não acontecem no nosso tempo
e que a paciência é sim uma virtude
mas que ela pode ser aprendida

vou lembrar de você e de todas as suas piadas sem graça,
lembrarei das vezes que saímos, e eu pedi a Deus para
que aqueles momentos nunca findassem,
vou lembrar de todas as comidas que dividimos e
loucuras que fizemos,
das coisas que me ensinou,
dos costumes que criamos,
farei questão de lembrar de cada pequena coisa
de cada detalhe

sua memória permanecerá em mim

— o mundo dá voltas, né?!
— por que diz isso?
— toda vez que penso onde eu estava há alguns meses e
onde estou agora, eu penso isso. ainda me surpreende.

— isso não é nada comparado ao que você ainda vai
conquistar.

diálogo

as pessoas não ficam muito
sei que eu gostaria que algumas nunca fossem embora,
que tive momentos em que estava disposta a dar tudo o
que eu tinha para que ficassem ao meu lado e nunca
saíssem dele
mas nunca segurei ninguém
por um tempo, eu tentei, até
mas quando uma pessoa foi embora,
e depois outra,
e mais outra,
e outra,
eu comecei a entender
que pessoas são temporárias
e que o melhor que podemos fazer por elas
e por nós mesmos
é deixá-las irem,
ou irmos nós
mas isso não significa que foi tudo em vão
cada um que passou por mim deixou uma marca
umas maiores, outras menores
mas não vou me esquecer da pessoa que me fez
experimentar suco de morango com leite,
ou do cara que me apresentou zimbra,
da amiga que sempre dividia o fone comigo e ouvíamos
sempre as mesmas músicas,
do meu amigo que me deu cobertura quando eu dormi
no meio da aula,

e não pensarei em outra pessoa quando eu ver um
doritos, porque sei o quanto ela amava
vocês foram embora,
mas sempre terão uma parte comigo
e me certificarei
de levar uma recordação dos que ainda estão comigo
mas que um dia podem não estar também

quem é você à parte essa ideia que eu construí?
quem é a pessoa que se apresenta diante de mim depois
de tantas idas e vindas?
você mudou?
você cresceu?
por que continuo tão fechada à ideia de você?
tenho medo de que você ainda seja a mesma pessoa,
que me machuque agora da mesma forma que fez no
passado
eu quero te perdoar e esquecer
mas essa armadura não surgiu sozinha
e eu não vou me desculpar
por tentar me proteger de você

eu matei algumas partes de mim
brincando de esconde-esconde com meus jeitos de ser
caçando todas as pequenas "imperfeições"
criando essa idealização de perfeito
enquanto sufocava quem eu realmente era

e numa busca sem limites pela melhor versão de mim,
eu me perdi

aí está você,
cercada de pessoas que eu não conheço
você parece feliz
tem visto locais lindos
e eu queria estar lá com você
queria que me contasse de cada viagem
te contaria tudo o que aconteceu nesses três anos,
te levaria para conhecer minha casa nova,
e eu tenho certeza que amaria meus gatos
eu queria que estivéssemos juntas

sinto sua falta

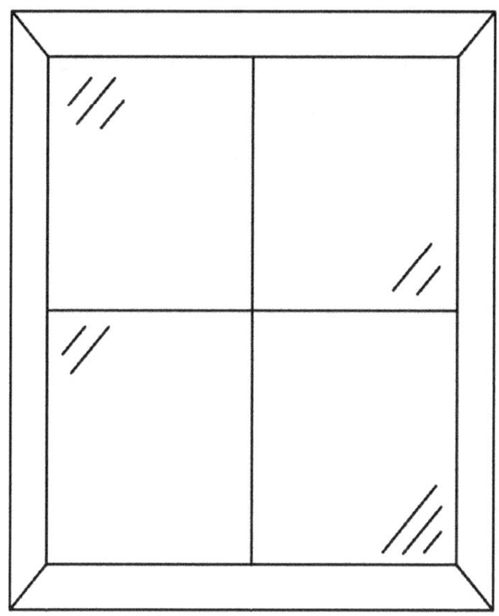

para quem está aqui, transitando entre o temporário e o
fixo

é para você
por ter tomado a iniciativa e me convidado para sair com
você
é para você
por ter se aproximado de mim e me deixado me
aproximar de você
é para você por todos os pequenos grandes momentos
que me deixou fazer parte, mesmo sem nunca ter tido
nenhuma obrigação de fazê-lo
por ter me acolhido e se feito presente também,
pelas noites em claro que me ouviu chorar e me acalmou
por ser amiga e me ensinar a ser também
por ter me ajudado a crescer e me mostrar que podemos
e devemos ter nosso espaço para crescer também

você me disse como ser melhor enquanto me mostrava
na prática

para minha futura filha, Luna

querida Luna,
costumo dizer que esse mundo é pequeno, mas por favor
não acredite nisso. não se resuma a um pequeno espaço. a
verdade é que esse mundo é imenso, e mesmo que tente
ao máximo, você nunca terá visto tudo que há para ver, ou
conhecido todas as pessoas que há para se conhecer.
sempre haverá algo novo, sempre haverá emoção
esperando na próxima porta.
ou talvez, mesmo que eu não te diga, você poderá pensar
que este mundo é pequeno demais. mas não se convença
disso, e não deixe de buscar o novo por isso. há muito lá
fora, e você precisa ir em busca disso, precisa conhecer o
que há para ser conhecido. o mundo é perigoso, sim, e eu
terei muito medo por você. mas você não pode deixar que
isso te impeça de viver, de buscar, de crescer. mesmo com
os perigos, no final, vale a pena. e não desista de lutar,
sempre haverá coisas pelas quais vale a pena o esforço. eu
acredito nisso, e você também precisa acreditar. porque
querida, quando acreditamos, achamos um meio.

isso é um adeus
um adeus a todos os pensamentos e ideias que eu tinha
de mim
toda tristeza

é um adeus para todas as pessoas que eu amei tanto, e
que estava pronta para fazer qualquer coisa possível e
impossível para mantê-las em minha vida, mas que por
alguma razão, elas ainda foram embora

esse é um adeus para todas as fotos sorrindo que não
retratam de fato felicidade,
para todas as noites que passei acordada e para todas as
lágrimas que derramei,
para todas as vezes que eu disse que estava bem para
pessoas que realmente se importavam (me desculpem),
adeus para todas as tentativas falhas que fiz,
para todas as vezes que não consegui ver o amor em suas
diferentes formas,
para todos os corações partidos,

adeus para todos os dias que vivi no automático
e todas as cicatrizes,
para todas as vezes que eu não fui gentil comigo mesma
e para todas as vezes que pensei no fim mais do que
realmente deveria,

para todas as coisas que ouvi sobre minha aparência,
minha mente ou meus amigos

adeus para todas as brigas e mal entendidos,
para todas as vezes que pensei que era para ser, mas não
foi
para todas as vezes que pensei que não era capaz,
e todas as vezes que chorei tanto que minha cabeça doeu,
para todas as vezes que eu quis falar com alguém, mas
por algum motivo não falei,
para tudo que destruí, ou nem mesmo me importei em
tentar construir

esse é um adeus
porque meu passado é uma memória, uma lição e uma
cicatriz
mas ele não vai me segurar ou me definir
eu sou melhor agora

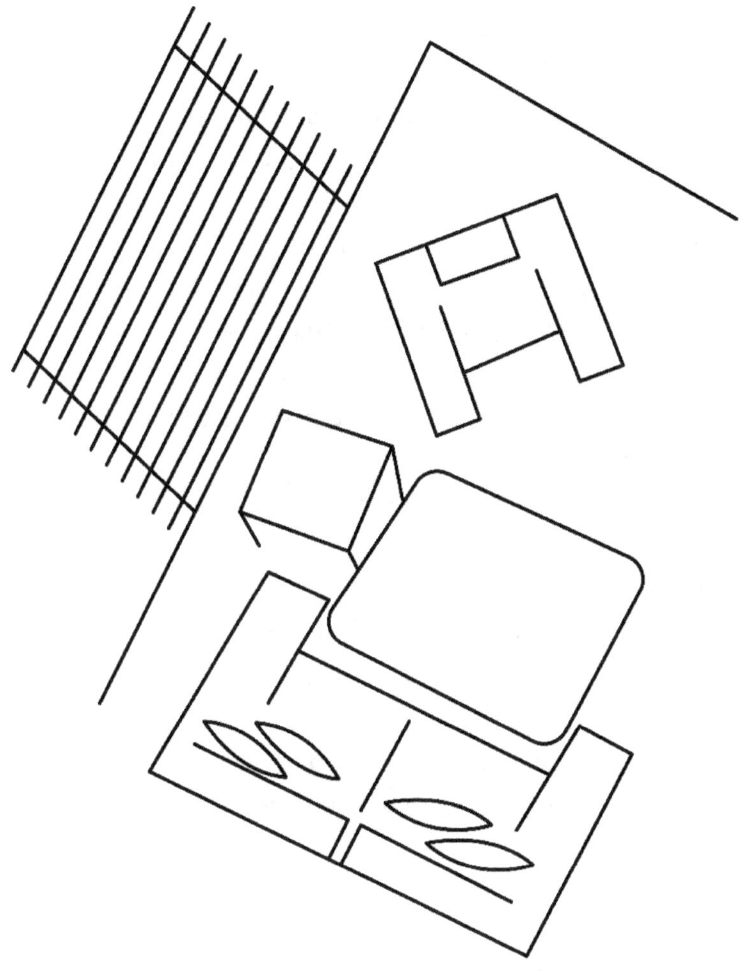

garota, você é um mar de intensidade
você amou com tudo de si por tanto tempo
você se entregou de corpo e alma
é claro que vai doer
a dor será igualmente proporcional ao seu amor
e você vai chorar, porque viver significa sentir
e você sente demais
então chore até não aguentar mais
até o ar sair do seu peito e você não o sentir voltar
até que o mundo pareça cair a sua volta
e nada mais importe
até que a imensidão pareça te consumir e te tornar
minúscula
chore por tudo o que viveu e tudo o que gostaria de ter
vivido
mas garota
você já viu uma flor após uma tempestade?
ela brilha, mais bela do que nunca
ela cresce e prospera
garota, você vai sobreviver a isso
eles não conseguem apagar a sua luz

viver é sentir

estar vivo significa que tudo existe dentro e fora de você, que sentimentos são reais e oscilam constantemente. é estar triste e feliz ao mesmo tempo. estar vivo significa sofrer, chorar, se amargurar, ter medo, se desesperar, se preocupar e gritar.

mas estar vivo também significa sorrir, abraçar, amar, pular, dançar, celebrar, conquistar. porque você existe. e sentimentos existem na mesma proporção. e sua alegria é tão válida quanto sua tristeza, e ter medo do futuro é tão sincero quanto pular de felicidade. não somos lineares. e eu sei que algumas vezes podemos desejar que sim em momentos de alegria ou implorar que não em momentos de sofrimento. mas é essa a grandiosidade de existir: sentir. reconhecer todos os seus sentimentos como partes suas, abraçá-los. aceitá-los como partes do seu desenvolvimento e crescimento como ser humano.

- apenas reconhecer a tristeza não a fará ir embora. é preciso senti-la e ser gentil consigo mesma no meio tempo.

eu não vou te culpar por tudo de ruim que já aconteceu
não vou te culpar por coisas que estavam foram do nosso
alcance
parece que estamos sempre procurando alguém para
culpar, para nos eximir da culpa
eu não vou repetir as mesmas coisas de novo e de novo,
andando em círculos, esperando que um dia você
entenda, e sofrendo sozinha no meio tempo

- eu escolho o perdão
e deixo ir
não há mais espaço para culpa aqui

sei que doeu em você perceber que havia muito mais do
que você conhecia
que tanta coisa era diferente, e você acreditou por tanto
tempo ter tudo sob controle
como poderia ter deixado isso passar?
o que aconteceu?

a culpa virá em perceber que deixamos de notar
pequenos detalhes e brechas entre as paredes
de sentir que não fizemos nosso melhor,
que em algum ponto, algo saiu do controle
e com a culpa, a dor

a raiva virá ao processar tudo muito rápido, ao negar que
algo tenha sido diferente do que o acreditado
em se rebelar contra si mesmo, e se sentir perdido

a tristeza virá ao encontro no meio da noite
enquanto procurar pelos detalhes, explicações
quando seu corpo buscar por autoperdão

o processo envolverá navegar em si, no núcleo das suas
memórias,
em buscar entender, visualizar, culpar, negar, aceitar,
perdoar

sei que doeu em você
doeu em mim também

sei que as vezes olho demais para o céu
as aves fazem parecer tão fácil voar junto às nuvens
nós somos tão pequenos
mas já chegamos tão longe
por que seria loucura sonhar com algo mais?
toda construção majestosa começou com uma pequena
pedra
eu não estou tentando esquecer de onde eu vim
e nunca mais voltar,
eu quero sair para o mais longe que eu puder
e saber que ainda tenho para onde voltar no final
quero chegar um pouco mais longe do que já chegamos
para os que vierem depois de mim
possam chegar mais longe do que nós

pedra por pedra

talvez crescer seja olhar para trás e ver seus sonhos de
forma diferente, alcançados, evoluídos ou mesmo
esquecidos
talvez o futuro seja apenas a concretização das noites em
claro que passamos imaginando e planejando, até de fato
alcançar,
entender que algumas coisas podem, sim, ser reais com
um pouco de esforço,
mas reconhecer que algumas coisas são apenas
pensamentos mais distantes do que realmente será
realidade, e que não há problema ou infelicidade nisso
apenas crescimento
somos marés em constante movimento
mudando um pouco a cada dia

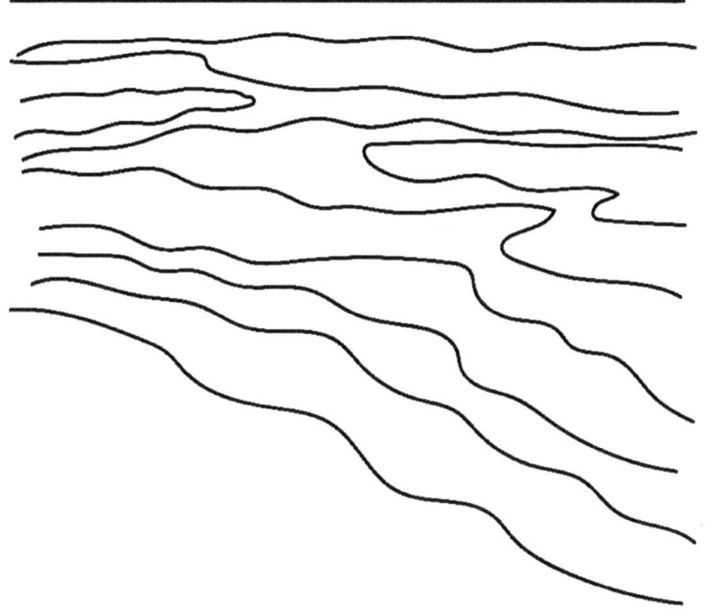

para você que está perdido, confuso, ou com medo
a mudança só acontece para quem está se movendo
é preciso sair da zona de conforto
isso pode ser assustador, e requer energia, preparação e
ousadia
e você pode estar cansado agora
mas manter as coisas como estão pode ser tão
desgastante quanto tentar algo novo
então respire fundo
e vá em frente
faça o que precisa fazer
tome uma ação

garota, eu sei que você sonhou com a eternidade, e que sonhou com ela por tantas, tantas noites.

sei o quanto gostaria que ele estivesse ao seu lado a cada pedaço do caminho, não por você precisar dele, mas porque você o ama tanto. e ama mesmo. sei que você nunca imaginou sentir uma dor assim porque você nunca imaginou que iria vivenciar isso. mas você cresceu, e tanta coisa mudou. sei que você nunca imaginou que isso mudaria da forma que mudou. você sempre acreditou que vocês cresceriam juntos por todo caminho, mas... aqui está você, chorando dia e noite sem nem mesmo se importar que os outros a vejam, porque você está tão perdida, tão incerta do que fazer, enquanto essas vozes ecoam incessantemente na sua cabeça, e sua individualidade grita para ser sentida depois de tanto tempo sendo suprimida pela ideia de duas vidas habitarem somente um coração. e garota, você lutou tanto até aqui. sei que essa luta não visava apagar a sua própria existência, e com certeza você mesma não queria isso, e muito menos teria permitido se tivesse visto acontecer. mas aqui está você. parada no meio do caminho. você não deixou de amá-lo. você se pergunta se algum dia deixará. ele é parte da sua existência e da sua vida. mas você sente tanta saudade sua e de quem você é individualmente. é hora de escolher a si mesma antes que você se perca completamente.

você precisa trilhar seu caminho sozinha agora. é hora de se conhecer um pouco mais, viver sua individualidade e crescer sozinha também.

mas ei, eu sei, você o ama. eu sei. seguir esse caminho não significa deixá-lo para trás completamente. eu acredito que seus caminhos podem voltar a se encontrar um dia. vocês ainda têm um longo caminho pela frente, e isso não precisa ser um ponto final, toda história precisa de pausas. não acredite, sentada no escuro do seu quarto, que esse é o fim. não precisa ser. sei que não parece agora enquanto toda a sua alma parece inteira e completamente devastada, mas você precisa confiar em si agora. olhe ao seu redor, você sempre foi forte o suficiente para enfrentar tudo isso. é hora de seguir. levante-se. é hora de agir.

a coisa mais difícil que aprendi sobre as pessoas é que eu
não posso curá-las
até alguns anos atrás eu pensava que eu poderia ajudá-
las, salvá-las
eu queria dar de mim mesma na esperança de que isso as
salvasse
eu costumava achar que com apenas um pouco mais de
amor, cuidado e atenção, eu faria a diferença
se eu apenas tentasse um pouco mais...

bom, eu não digo que essas coisas não importam
importam
mostrar amor e suporte para as pessoas que precisam é
ótimo e pode ser de grande ajuda
mas o que aprendi é que essas coisas sozinhas não vão
curá-las
elas não serão o suficiente
a cura vem de procurar ajuda profissional
pessoas que realmente sabem como lidar com todas as
tempestades que acontecem dentro de cada um de nós
e cujas palavras tem mais poder de reconstruir do que
incendiar
que tem acesso a conhecimentos que eu não tenho, com
ideias reais de ajudas
e eu não sou essa pessoa
então o melhor que posso fazer
é encorajar essas pessoas a buscar essa ajuda

não é que eu não quero te ouvir e ajudar, eu quero
demais

- mas eu não sou capaz sozinha

poema para mim

garota, as coisas que você escreve devem sempre ser um
lembrete e uma memória
não apenas para os outros, mas especialmente para você
sempre se lembre
de viver pelas suas próprias palavras,
de ser gentil consigo mesma do mesmo jeito que você
ensina outros a serem consigo mesmos,
de ter a mesma esperança que você acende em outros,
de viver sua melhor versão da mesma forma que você
inspira outros a viverem suas melhores versões,
de fazer todas as coisas
que você diz para os outros fazerem

você precisa desses lembretes também
você também é humana

a poesia não é algo tangível
para cada pessoa que alguma vez já se perguntou *isso é
para mim?* a resposta é
sim
poesia é sobre você, eu e todo mundo
poesia é a voz que você ouve em sua cabeça, mas não
consegue escutar, e usa o poeta para se libertar

todos são potenciais poetas

existe uma parte das nossas vidas em que todos parecem
fora de sincronia com a gente
de um lado, amigos antigos que o contato foi
esvanecendo com o tempo,
do outro, amigos casando,
outros tendo filhos,
outros pulando de festa em festa, de restaurante em
restaurante, sempre sorrindo e aparentemente bem
acompanhados,
alguns amigos na faculdade, outros trabalhando,
uns que parecem terem simplesmente sumido do mapa e
outros que estão por toda parte

e no meio disso tudo isso,
do outro lado da tela,
está você
e de repente você parece ser o único que não está vivendo
porque todos parecem estar fazendo algo,
todos parecem mais felizes do que nunca,
e você está no seu quarto assistindo tudo
como num passe de mágica, você esquece tudo o que já
conquistou até aqui
você esquece que metas e conquistas diferentes não
diminuem o seu sucesso
e que recortes de uma vida perfeita não representam a
realidade

dê um passo para trás
olhe as coisas sob um ângulo diferente
dê uma nova perspectiva a tudo isso

- você também está crescendo

eu te vi na tela da amiga da minha amiga
você parecia feliz
vivendo tudo que jurou que não viveria
que insistiu que não queria, e que dizia não combinar
com você
mas que eu tanto insistia que vivesse
queria que tivesse aqueles momentos
e queria estar ao seu lado para vivê-los também
e ainda assim
ali estava você

e eu aqui

*- você quebrou sua promessa, mas eu ainda fiquei feliz em
te ver feliz*

para todas as músicas que você dedicou a todos os
amores que por algum motivo não deram certo,
para todos os lugares que você não consegue mais entrar
sem ter uma sensação de dejá-vu,
para todas as roupas que você quis esconder no fundo do
armário porque você estava usando naquele dia,
para todas as comidas e bebidas que te fazem lembrar de
um momento específico quando tudo estava bem,
para todos os perfumes que você não usa mais e não
consegue não associar àquela pessoa,

abra as janelas, deixe a luz entrar
ressignifique todas essas memórias

- *recrie a história*

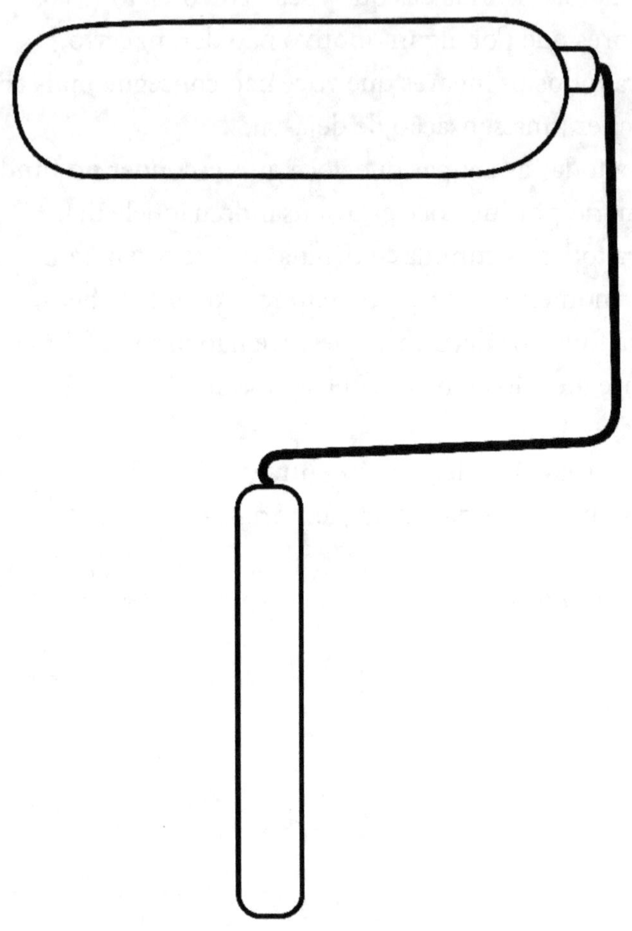

ficamos tão presos
na ideia
do que éramos,
de todos os bons dias,
de tudo o que poderíamos ter sido, que não percebemos
o quão raros eram esses momentos,
o quanto precisávamos lutar pelos dias bons
e do quanto abrimos mão
pela simples ideia deles

garota
você está tão ocupada criando finais
tão preparada para a despedida,
tão inerte pela ideia da perda,
que você diz adeus antes mesmo de dizer *olá*
você se preocupa tanto com o final
que esquece que o fim não precisa ser algo ruim,
que viver é uma experiência, e com o olá, vem o adeus,
mas que o vazio sempre dá lugar ao novo
e que a vida exige entrega
porque você nunca vai se permitir
a amizade, o amor, a memória, as histórias
se você nunca os deixar entrar

é que a gente se acostuma com a ausência,
com a cadeira vazia do lado direito,
ainda dói, dói sim
a memória chega sutil e vívida como se nunca tivesse
partido
mas a gente se acostuma com ela
passa um café,
pede para falar mais, lembrar daquele momento,
pergunta se foi daquele jeito mesmo
e lembra como foi bom
porque dói
mas passa
e a gente aprende a sentir gratidão pelo que passou,
não importa o quanto desejemos que volte

sobre a pessoa que vai embora
a pessoa que coloca pontos finais e toma à frente
e o que ninguém te conta sobre ser essa pessoa

o fardo de decidir o fim é extremamente doloroso
viver se perguntando se aquele fim foi realmente
necessário naquele dia, hora e circunstância,
se ele poderia ter sido evitado ou sido melhor,
se aquilo não poderia ter se resolvido com apenas
mais
uma
chance

ninguém fala sobre a dor de perceber que um ponto final
era o melhor para todos os lados, e sobre a coragem para
agir e parar o ciclo

ninguém te conta que essa pessoa não faz isso por falta de
amor, mas por amar tanto ao ponto de reconhecer que
algumas vezes não são para ser mesmo,
e tudo bem, a gente viveu, e ainda há tanto mais para se
viver

- o vilão dos finais felizes

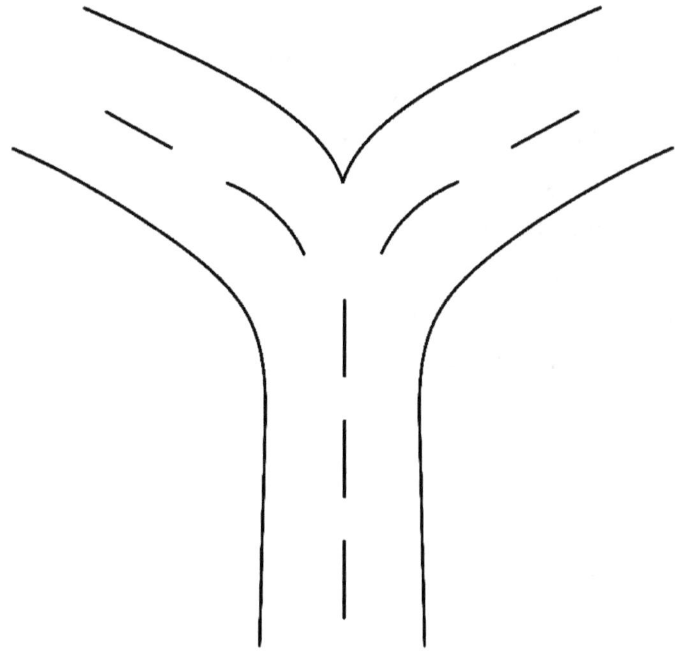

você já viveu isso antes

você já fez isso

você sabe o que vai acontecer, você já viu esse filme cem
vezes

por que

por que você iria querer repeti-lo?

por que voltar para isso?

você sabe o que vai acontecer,

você sabe o final disso

e você não gosta

então por que

por que

você se sente tão tentada a fazer isso

mais

uma

vez?

por que você iria querer voltar para o que te feriu?

- *como se chama esse sentimento?*

eu tenho tanto a dizer
mas essas palavras insistem em se perder
nas ruas da cidade,
nos cantos das mesas,
nos travesseiros,
nas trends das redes,

e eu acabo aqui
encarando folhas em branco
juro que as escuto rirem de mim as vezes
me rendo,
sufocada,
refém,
incapaz

você parou de correr
e decidiu olhar ao seu redor
isso é bom,
significa que a mudança finalmente poderá acontecer
de dentro
                              para fora
agora tudo o que você precisa fazer
é se encontrar de novo
junte todos os pedaços ao chão
sente à mesa com sua comida favorita
e comece o trabalho

as vezes eu queria me ver
pela perspectiva de outras pessoas
só para que eu pudesse acreditar um pouco mais no que
eles dizem
mas principalmente
para acreditar
um pouco mais
em mim mesma

quando houver uma lista de mais de cem contatos
mas só uma pessoa na qual vale a pena falar

quando você viver o melhor e o pior momento
e só houver uma pessoa com quem você quer desabafar

e não houver ninguém

- *como saber que você perdeu um amigo*

não quero saber se você morreria por mim
morrer é fácil

o que quero saber
é se você
viveria
por mim

plantas epífitas são plantas que crescem graças a ajuda de outras, que lhes dão o suporte que precisam para receber a luz solar. elas não fazem nenhum mal às suas grandes hospedeiras, e assim, todos coexistem em harmonia.

às vezes, me vejo como uma dessas plantas epífitas, recebendo ajuda para existir, crescer e ser quem sou. eu acredito que pessoas que me dão a mão e me ajudam a ser melhor, como as grandes árvores que se permitem dividir espaço com as pequenas plantas epífitas, entendem a beleza de ter alguém crescendo ao seu lado.

outras vezes, me vejo como uma dessas grandes árvores. recebo a incrível oportunidade de ser o apoio de uma pequena plantinha que só quer uma chance de crescer e florescer também. lembro de como é ser aquela plantinha, e como pode ser difícil crescer sozinha, e então me sinto honrada em ser a grande árvore que vai lhe dar o apoio necessário à sua existência.

- há espaço para todas as plantas na floresta.

às vezes, no meio do dia, eu lembro de você. não consigo deixar de imaginar como está, o que está fazendo, e me perguntar se concluiu aquele curso de que tanto falava. penso em como queria te contar do meu emprego novo, da minha faculdade, dos meus amigos novos que nunca imaginei que me aproximaria um dia. automaticamente minhas mãos alcançam meu celular, que por tantas vezes já prometi que manteria longe quando estivesse trabalhando. desbloqueio a tela num reflexo, e penso mais uma vez nos motivos para só checar como estão as coisas. e então penso nos motivos por que eu não checo. penso na viagem até você, e em todas as vezes que nos vimos, tudo o que vivemos. desejo, apenas uma vez mais, poder reviver aqueles momentos.

e então bloqueio a tela do celular novamente e o coloco longe de mim, consciente do trabalho à minha frente. e mais um dia segue sem você na minha vida.

você passa por mim
mais bonita do que nunca
e imediatamente me arrependo de não ter te elogiado
quando tive a chance
você sorri como se nada tivesse acontecido
e me pergunto,
se tudo o que vivemos significou tão pouco para você,
como você pode estar bem
quando tudo o que faço ultimamente
é lembrar dos nossos momentos juntos e ouvir
Radiohead?
e todas as promessas que fizemos
como você pôde deixá-las para trás tão facilmente?
se todos os nossos 'para sempre's' se resumem a uma
caixa no fundo do armário e um maldito perfume floral,
por que eu ainda não superei você?

não vou jogar fora todas as pequenas coisas que me lembram você. a camisa que você esqueceu aqui, o chaveiro com qr code da nossa playlist, o livro que você assinou para me dar de presente, as polaroides que tiramos. não vou jogar fora não porque tenho esperança de nos resolvermos um dia, mas em nome de todos os dias bons. vou guardar essas memórias de você por tudo o que você significou nos momentos em que nossos caminhos se cruzaram e nos ajudamos a crescer, evoluir e ser melhores. vou guardar comigo tudo o que você me ensinou e todas as risadas. todas as músicas que cantamos e que um dia foram sobre nós. vou guardar tudo isso não por saudade, tristeza, solidão, esperança, sonho, falta de amor-próprio ou apego emocional. vou guardar porque pelo tempo em que nossos caminhos estavam alinhados, você foi importante para mim. o que vivemos importou. e eu guardarei isso para sempre.

por favor
não seja a pessoa
que sairá
e deixará a outra
com medo da próxima
a entrar

pensar em você tem ultimamente sido sinônimo de
pesadelo
perco minha concentração,
faço o trabalho errado,
perco o ônibus,
esqueço os meus compromissos,

eu esperava que hoje já conseguisse estar livre
da ideia de você
mas você continua ocupando todos os espaços aqui
dentro
e eu continuo correndo atrás do ônibus

dê um passo para trás
olhe para dentro
não se tranque aí
conheça tudo o que te habita
aloque-os
dê-lhes o devido valor, pequeno, médio ou grande
(mas somente o que lhes for devido)
prepare uma bebida quente
sinta-os

- *sentimentos*

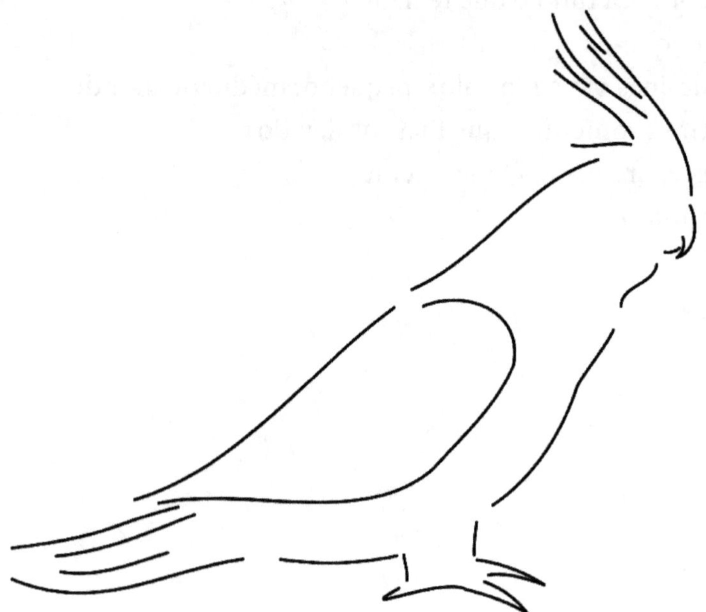

a notícia se espalha como um vírus

a desgraça parece achar um jeito de deixar todos saberem
dela
a tristeza toma o controle de tudo e todos
o vazio domina
sabendo que não há mais ninguém
para tomar seu lugar,
para substituí-lo

e o vírus cresce
se espalha por todo o seu corpo, por todo o seu sistema
nervoso,
por todo o ecossistema ao seu redor
o ar parece cada vez mais pesado
a dor parece só crescer e se multiplicar
e nada parece ser forte o suficiente
para pará-la, mudá-la ou desacelerá-la
todos falam sobre isso
e todos lamentam

mas o tempo passa
e eventualmente
eles esquecem,
menos um

e o que acontece depois?

a vida de todos simplesmente… continua
exceto uma
como se vive assim?
como sobreviver
depois da morte?

você se sente vazia
desconectada
fora de si mesma
e você deseja que alguém apareça pela porta
e te diga que foi tudo uma brincadeira,
uma piada,
que ele está logo ali
você espera acordar e perceber que foi tudo um sonho e
fruto da sua imaginação
mas ninguém aparece
e você não acorda de nenhum sonho
você é deixada sozinha com a dor
processando pouco a pouco
a realidade ao seu redor
percebendo
que ele não vai voltar para casa

você quer gritar o mais alto que pode
por que todos estão tão felizes? eles não conseguem ver
sua tristeza? por que eles continuam sorrindo e
mostrando que tem o que você perdeu?
você quer socar tudo à sua frente e fazer tudo ficar tão
quebrado quanto você se sente por dentro

mas você fica parada em silêncio
quieta
tentando ignorar tudo e lidar com sua dor de dentro para
fora
porque você sabe que não é culpa deles
não é culpa de ninguém
e de alguma forma
isso é ainda pior
você quer ficar com raiva de alguém,
mesmo sabendo
que não importa de fato
importa?
isso não o trará de volta

a vida continua puxando e puxando,
pressionando,
mas o mundo parece de cabeça para baixo, e nada parece
fazer sentido como antes
todos os planos colidiram
e as peças se perderam num ferro-velho
você só quer respirar e encontrar uma maneira de lidar
com tudo isso
mas tudo parece tão sem sentido
e a vida insiste em continuar,
mesmo com você implorando por apenas
um
pequeno
momento
para sentir tudo isso

passei meses tentando superar a ideia de você e tudo que você significava para minha vida. busquei caminhos alternativos, e refutei com o máximo de lógica que consegui, cada pensamento que tive sobre retroceder. e é por isso que uma das coisas mais cruéis que quase já fiz comigo mesma foi cogitar renunciar tudo isso por você, quando você nunca fez nada para me ter de volta. o fato que você ainda detinha tanto poder sobre mim me afugentou e pegou de surpresa quando eu te ouvi falar comigo por meio de uma música. o quão frágil era tudo o que eu estava tentando construir sem você, para me deixar influenciar por uma música da nossa banda favorita?

por anos acreditei que seríamos para sempre. nossa conexão transcendia tempo e espaço de uma forma que eu nunca consegui explicar bem para mais ninguém, e que só você conseguia entender. mas se você sentia o mesmo, como você superou tão fácil a ideia de mim e de tudo que eu significava na sua vida?

por vezes quis voltar só para te dizer que superei, que estava bem e que continuava a te desejar bem. queria só te perguntar como estão as coisas aí, te desejar parabéns e saber que você seguiu seu caminho também. foi difícil para mim entender que minha ideia de dar um fechamento a tudo isso era uma forma de autossabotagem para me fazer voltar e virar refém de você mais uma vez.

o estrago causado
por um furacão,
tsunami,
enchente,
maremoto,
terremoto,
o caos que fica e se instala,
os gritos e choros distantes,
de ninguém em particular,
de todos em comunidade
o desafio de reconstruir a vida,
recomeçar,
e viver com o trauma,
a perda,
o vazio,
a memória

- esse não é um poema sobre desastres naturais

da noite para o dia
o mundo vira de cabeça para baixo
e o que era rotina se torna memória
ninguém para encontrar depois do trabalho,
sem mais noites de pizza e as sextas de futebol,
os sábados de espanhol acabaram,
e pratos para dois agora são grandes demais

presente e futuro se tornam passado
é se torna era
seremos se torna seríamos
vamos se torna íamos
olá se torna adeus
riso se transforma em lágrima
ontem você estava aqui
hoje, você se foi sem dizer tchau

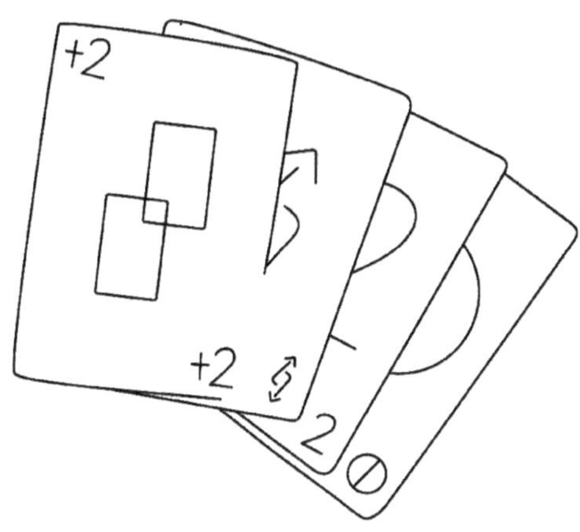

dias tristes existem
porque dias felizes
vieram primeiro

se não te fizesse bem
não te faria falta

dói porque um dia curou
machuca porque um dia confortou
aflige porque um dia consolou
falta porque um dia completou

você chora
porque um dia sorriu

quando você for contar essa história
não conte somente as partes tristes e as noites em claro
não liste todos os motivos pelas quais não deram certo,
nem todas as tentativas falhas

conte do dia que você viu o pôr do sol, e viu sua sombra
refletida na janela de vidro, quando percebeu o quão
precioso aquele momento era
conte da vez que se sentiu tão parte daquele lugar que
desejou aquele sentimento para sempre
lembre-se de quando vocês foram para a praia e nada
mais existia além de vocês e aquele pequeno universo
e não deixe de lado todas as noites que você desafiou as
regras por alguns minutos a mais de liberdade
e nunca se arrependeu, nem por um segundo

porque o final foi triste, sim
mas isso não significa que tenha sido uma história ruim

é inverno.

e os dias chuvosos se integram ao dia a dia como o sujo do sapato que eu sempre prometo que vou lavar no fim de semana. me acostumo a sair com um guarda-chuva porque sei que as chances são de chuva. a pilha de roupas se acumula, porque os dias de sol são contados e apenas o suficiente para secar as roupas do varal a cada uma ou duas semanas. a gente sempre torce para eles durarem um pouco mais do que sempre duram, mas, no fundo, a gente sabe que está no meio do inverno, e que eles são temporários. a chuva virá. então aproveitamos ao máximo, mas nunca fazemos planos, porque sabemos que esses dias são tão imprevisíveis quanto a hora que o gás de cozinha acabará. é nessa época do ano que percebemos o quanto o sol faz falta e em como os planos mudam por causa disso. é o momento que reconheço que uma hora ou outra alguma rua vai alagar, eu vou molhar meu sapato e talvez até pegar um resfriado, porque isso acontece todos os anos, e quais as chances desse ano ser diferente?

mas setembro vem aí, e eu sei que as chuvas ficarão cada vez mais fracas até a chegada do sol, que trará junto a primavera. então eu respiro fundo e abro meu guarda-chuva, porque sei que tudo isso é temporário, e logo o sol será uma rotina de novo.

e quando pensar em mim
lembre
que a nossa história é muito mais
do que
o que se tornou

você se tranca no quarto,
com a chave ao seu lado
e me culpa
por não estar com você

você estava ali, sim
você estava respirando
mas não estava mais vivendo
seu corpo na minha frente
mas você não estava ali
e te ver daquela forma
impotente
deve ter sido um dos filmes mais tristes
que precisei assistir
enquanto vivia
em primeira pessoa

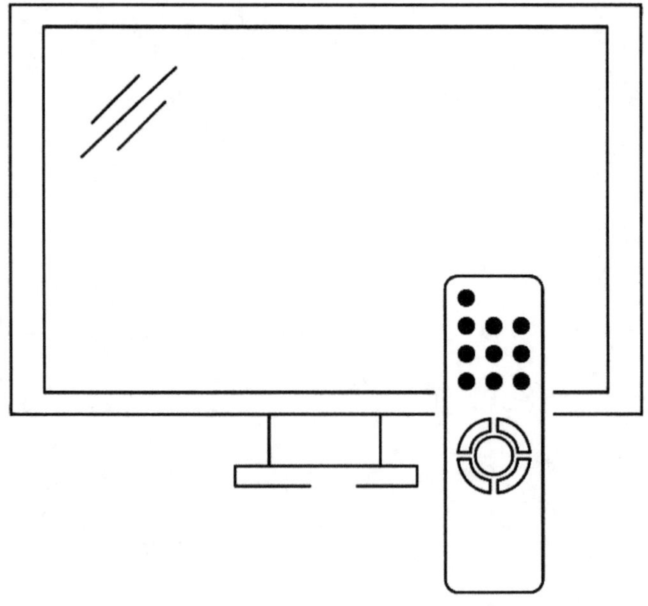

olho para nossas fotos e não consigo me lembrar
daquele dia
sei que o vivemos, as fotos estão na minha frente
mas não consigo me lembrar
o que estávamos fazendo lá?
por que nos encontramos naquele dia?
encaro as fotos como se elas pudessem me levar de volta
àquele tempo
imploro por um vestígio do que vivemos naquele dia

me pergunto se esse é um fardo que terei que carregar,
uma consequência por termos vivido tanto
nossa história é grande o suficiente
para que alguns momentos se percam no meio do
caminho

olho para frente e sei que a história é tudo o que nos
resta
não quero sentir a memória desaparecer
se eu tivesse a mínima ideia
do quão preciosos aqueles momentos eram
teria me segurado mais forte a eles
carregaria uma câmera na minha frente,
colocaria uma GoPro em meu peito,
um microfone em minha lapela,

guardaria todos esses momentos na nuvem,
me certificaria,
de ter cada pequeno momento
para sempre

quando todos me diziam para cuidar de você
e eu me perguntei quem cuidaria de mim

quando deixei a tristeza de lado por um segundo
e aproveitei aquele momento

quando eu não soube o que dizer
para deixar as coisas melhores

- *culpa*

estou me esquecendo da sua caligrafia
sua voz virou uma música antiga na minha cabeça
não consigo me lembrar porque brigávamos tanto
nem das fotos que tinha penduradas na parede
não consigo me lembrar do cheiro do seu perfume,
ou das roupas que costumava vestir quando saíamos
você está se perdendo em mim
pouco a pouco

- *morte por mil cortes*

sei que em sua versão

eu provavelmente sou a vilã da história,

a pessoa que pisou na bola e estragou tudo

sei que as pessoas devem perguntar de mim para você

como perguntam de você para mim

queria poder gritar que tudo deu errado, mas que eu

quis tanto que desse certo

me dói tanto pensar no que éramos, no que poderíamos

ter sido,

no que perdemos

sei que em sua versão

eu não fiz tudo o que podia

quero que saiba

eu fiz

eu dei meu melhor

eu tentei com tudo de mim

- *às vezes, nosso melhor simplesmente não é o suficiente*

eu te pergunto
que tipo de pessoa
veria alguém que ama
gritar por socorro,
passar por problemas,
chorar,
adoecer,
e não se preocuparia?
que tipo de pessoa não teria empatia
e tentaria ajudar?

como poderia eu,
me tratar menos
do que a forma que trato
outros?

- *autocuidado*

decido começar a academia
não por querer o corpo do verão,
mas por reconhecer o poder da endorfina vinda do
exercício

numa quarta-feira em que a memória parece bater, mas
não imobilizar
e eu decido fazer um bolo de aipim

naquela sexta quando eu conheci uma cafeteria nova
e decidi aproveitar por dois
porque eu sabia que precisava fazer isso por você

quando sorrir frente ao mar pareceu certo
e contar uma piada não pareceu injusto

e numa terça de noite eu percebi que havia passado o
dia inteiro sem chorar nenhum momento

é uma sensação que parece estranha,
fora da caixa
seguir em frente apesar de tudo
recriar uma rotina

- você está voltando a viver

quando vi aquelas cicatrizes em você, foi a primeira vez que desejei mostrar as minhas a alguém. foi a primeira vez que desejei que elas fossem visíveis, para que você também pudesse vê-las, porque eu queria que visse que nossos caminhos foram mais parecidos do que pensamos.

foi o momento que percebi que você havia lutado muito mais do que eu conhecia. quando olhei para você e vi que havia um livro inteiro de páginas que eu nunca li. quis conhecer sua história, perguntar os motivos que te deram forças para chegar até aqui, e te contar os motivos das minhas cicatrizes, para que você também pudesse me conhecer além do hoje. quis que soubesse que entendo a sua dor, que te admiro ainda mais do que já admirava, e que sou tão grata por ter a chance de te conhecer. mas acima de tudo, quis te agradecer por não ter desistido nunca.

obrigada.

amanhã a essa hora eu não estarei aqui

amanhã a essa hora

amanhecerei em um lugar completamente novo

rodeada de desconhecidos

e terei alcançado o que por anos busquei

não chore por mim, eu irei longe, mas voltarei

descobrirei o que há do outro lado e lhe contarei tudo

espero que entenda que isso é algo que preciso fazer

não será fácil para mim também,

mas preciso fazer isso

sei que será bom para mim

me espere do outro lado

estarei de volta antes que perceba

seu nome tem ecoado muito por aqui ultimamente
pessoas perguntam de você como quem pergunta pelo
bolo que estava na geladeira
elas não entendem
o porquê
mas não deixo que saibam o lado ruim
conto os dias bons,
do tempo que esteve por perto,
de quando dávamos certo e fazíamos acontecer
e quando perguntam o que aconteceu se tudo era tão
bom
apenas digo que nossos caminhos se desencontraram,
que queríamos coisas diferentes,
que nossa sincronia se perdeu,
você sabe, a vida aconteceu
com seus imprevistos e planos diferentes do que
imaginamos
que só não deu certo mesmo
como acontece em todas as relações até acharmos a
certa
é que as vezes a gente até quer,
quer tanto que dê certo,
mas a gente aprende, na marra,
que na maioria das vezes
só querer não é o suficiente

as melhores fotografias
frequentemente
não são as mais bonitas,
as que seguem a regra dos terços,
que possuem a iluminação perfeita,
ou a que as pessoas estão mais arrumadas

são as que contam uma história
as que trazem consigo
uma carga emocional
tão grande,
que seria capaz de incendiar uma cidade

eu quero ser a pessoa que você procura nos dias bons e
ruins
a pessoa que você liga no meio do dia quando acontece
algo importante,
e a que você liga às duas da manhã quando não
consegue dormir

eu quero ser a pessoa que, quando você avista do outro
lado da sala,
você finalmente relaxa,
a pessoa que quando você abraça,
suas barreiras são derrubadas
porque você sabe que não há perigo

quero ser tudo isso para você
como você é para mim

sabíamos o final antes mesmo de começar

isso tinha data de validade

sabíamos que era algo fadado ao fim

mesmo assim

a vida veio e nos fez viver nossos dias numerados e

contados

marcados para o fim

e agora estou na sua frente

os céus parecem saber que não quero que o tempo passe

o relógio avança,

mas o dia permanece claro

uma tentativa de me comprar mais tempo

é a última noite que te verei

amanhã não estarei mais aqui

e seguiremos nossos caminhos

sabíamos que nunca deveríamos ter começado algo

- como diremos adeus agora?

eles nunca nos quiseram juntos
eu via em seus olhares, e você via também
nosso caminho nunca foi fácil
te ter comigo me custou muita coisa
mas não te ter me custou tudo
eu olho nossas fotos e eu sei que deveria ter excluído
todas
não deveria haver em mim ainda o desejo de te ter por
perto
eu deveria ter excluído seu contato, te bloqueado em
todos os lugares
mudado até de amigos, para não correr o risco de ouvir
teu nome ecoando por aí

não precisei

você estava em todos os lugares
meses depois, lá estava você
sorrindo ao lado de não sei bem quem
ele parecia bom para você, eu não nego
você parecia tão feliz com ele quanto comigo, e eu não
achei que isso fosse possível
sabia que não deveria atrapalhar aquela felicidade
mas como eu poderia superar
se sempre soube que era com você que eu deveria ficar?

se você foi a única que fez morada em mim,
e eu nunca desejei ninguém diferente de você?

o que eu deveria fazer
senão tentar mais uma vez?

não poderia passar a vida
me perguntando o que teria acontecido
se eu nunca tentasse

eu encontrei o melhor cara do mundo
ele me ama e está sempre do meu lado
ele é bom para mim como ninguém nunca foi
eu vejo através do seu coração e só encontrei bondade
ele está comigo nos melhores e nos piores momentos
nós nunca brigamos
até o dia que você me desbloqueou

eu não reparei de início
até que vi seu nome na tela do meu celular
e os anos passaram diante dos meus olhos
eu já havia apagado tudo do meu telefone
eu sabia que não podia te ter por perto
e ainda assim
ali estava você
revivendo em mim o que eu por tanto tempo tentei
matar
me lembrando tudo o que vivemos
destruindo toda a fantasia que eu havia criado
tentando me livrar da ideia de você

eu quis tanto não te amar
que fiz da minha missão te esquecer
e assim que alguém entrou aqui
jurei amor

só podia ser amor
ele me trazia flores e despertava o melhor de mim
ele era carinhoso e nunca me fez chorar
o que mais eu poderia querer de um amor?

mas te ver ali
me lembrou
o que é amor
quando seu coração dança no meio do dia
e todo seu estômago parece ganhar vida própria
quando seu olhar procura o outro desesperadamente
com a simples menção de um nome
e eu percebi, com certa tristeza
que não amei ninguém além de você
que mesmo com todos os erros
meu coração continua gritando por você
e me peguei pensando,
depois de tanto tempo
e se nossa história não tiver acabado?
e se valer a pena
mares e desertos
para tentarmos mais uma vez?

pessoas olham para mim como se eu pudesse quebrar
tão facilmente quanto porcelana
como se um vento mais forte fosse o suficiente para me
levar
como se eu fosse feita de vidro

elas me veem como fraca
elas não entendem
que o diferente nunca foi sinônimo de fraqueza
e que se significa algo
é resiliência

não tenho muitos bons amigos

se você que está lendo isso me considera sua amiga, não
me entenda errado

o conceito de amizade tem mudado muito por aqui
ultimamente

hoje entendo que há amizades que falamos sobre o
trabalho,

amizades que falamos sobre gastronomia,

outras sobre o jogo do fim de semana,

sobre casualidades e assuntos profundos,

amigos que levamos ao bar

e outros à cafeteria

sei que não há mal em ter diferentes amigos para
diferentes assuntos e ocasiões

mas quando digo que não tenho bons amigos ou amigo
nenhum

falo daquelas amizades que nascem do imprevisto,

que surgem nos momentos mais inesperados

e que carregam tanta química

que poderiam explodir uma cidade

amizades onde a conexão é instantânea como o wi-fi de
casa

em que falar de trivialidades, problemas, alegrias, dia a
dia, física, psicologia, filosofia e dores

soam naturais e quase instintivos
quando você diz *boa noite,* mas não consegue sair dali,
porque é tão bom estar do lado daquela pessoa
quando o tempo ganha esse conceito relativo
em que três meses mais parecem três anos
e você tem aquela sensação gostosa
de que conhece a pessoa
mais do que a si mesmo

é desse tipo de amizade que sinto falta
é esse tipo de amigo que não tem aparecido por aqui
ultimamente

você vê os dias bons
e assume que eles são comuns como peixinhos
dourados
mas não entende que eles são como tartarugas
marinhas,
raros e em perigo de extinção
não ache que as coisas aqui são sempre um mar calmo
só porque não te conto de todas as tempestades

- *você não gostaria de navegar nesse barco comigo*

é que a gente só mostra o lado bom mesmo,
as fotos sorrindo e aquela noite em que conseguimos
aproveitar o show do Nando Reis
a gente só mostra aquela tentativa ~~número 2789~~ que
deu certo,
aquela música boa que grudou na cabeça,
a foto do pet porque ele é tão fofo e te faz tão bem,
a viagem de fim de semana para a cidade vizinha que
você decidiu fazer após pensar em tantos motivos para
não ir,
o vídeo engraçado que te arrancou um sorriso depois de
três dias séria

porque ninguém posta sobre os choros e as crises de
ansiedade,
ou as ruas que evitamos porque carregam muito mais
recordações do que conseguimos aguentar naquele
momento
você não vê os olhares que preciso desviar, e os
julgamentos silenciosos que gritam tão alto aqui dentro
a gente usa maquiagem para disfarçar as noites e noites
mal dormidas
e definitivamente não é de conhecimento público as
sessões de terapia e os remédios escondidos na
prateleira de cima do armário

esse tipo de dor não deixa uma marca física
as coisas são muito mais difíceis do que postar uma foto
sorrindo
e a câmera só captura o superficial

- *minha dor é interna*

querida, a vida tem exigido muito de você nos últimos meses, não é? os dias não são mais os mesmos já faz um bom tempo. as paredes de casa não param de mudar e toda a história foi colocada em caixas. pessoas que deveriam te estender a mão insistem em apontá-la e culpá-la. eles não veem, não foi sua culpa. não foi sua culpa.

a dor que você vem carregando, ninguém jamais deveria carregar metade disso. você, no entanto, insiste em não se render. seu sorriso mudou, eu consigo ver a dor em seus olhos quando você sorri, mas mesmo assim, você continua sorrindo. problema após problema, vez após vez, e apesar de tudo, você continua buscando o lado bom de cada coisa.

eles dizem que o mais difícil em uma catástrofe natural não é a catástrofe em si, mas os dias e meses após, quando o único caminho é recomeçar, e a estrada parece vazia, assustadora e desafiadora. mas querida, olhe ao redor. ao lado das mãos que apontam e culpam, há mãos que acolhem e abraçam. esse caminho você não precisa trilhar sozinha. ao seu lado há pessoas que acolhem sua dor como delas também.

te ver dia após dia lutando é a maior prova de que você é inacreditavelmente forte e resiliente como poucas pessoas já precisaram ser em suas vidas. sua força é um exemplo e inspiração para qualquer um que parar para ouvir sua história. obrigada por não desistir. obrigada por continuar sorrindo. obrigada por continuar lutando.

eu te admiro tanto. você não faz ideia.

sei que nunca termina suas leituras por medo do fim
sei que espia o final sempre que pode só para saber o
que te espera e estar preparada
sei que, como eu, você odeia a ideia de algo bom acabar
de maneira triste
então você deixa seus livros empilhados
nunca diz que já os leu
apenas algumas partes,
você diz

talvez por isso
quando a cama que você dormiu a noite não foi a
mesma que você havia acordado naquela manhã,
e sua vida inteira mudou em uma tarde tão ensolarada
de sábado,
você desejou estar lendo um daqueles seus livros,
só para poder se levantar,
deixar toda aquela dor na prateleira
e ir almoçar com ele
sem nunca chegar ao fim da história

em meu pequeno universo
você está comigo
nele, nossa briga nunca existiu
e nada mudou entre nós
você está comigo em todos os meus grandes momentos
o aniversário de um ano na empresa,
minha formatura da faculdade,
as festas na minha família,
e eu estou nos seus

no meu pequeno universo
o para sempre é uma realidade
e o adeus nunca existiu

te admito
que gosto muito mais dessa versão imaginária
de como nossas vidas seguiram

uma cidade de vidro
cheia de rupturas

uma obra de arte
coberta de pequenas fendas

- *craquelê*

você esconde sua depressão como quem esconde a
infiltração de casa,
uma nova pintura, um quadro na parede,

você tenta segurar sua paz como segura sua xícara de
café matinal,
firme, como se fosse a única coisa que te impede de
enlouquecer

você fala da dor tão casualmente que eles nunca
imaginam que você está no limite

você amarra seus pensamentos em sua mente como
amarra o cadarço do seu tênis para a academia

você faz tudo
para manter seu interior
tão bem quanto o exterior

com o tempo
a gente aprende a parar de lutar com o guarda-chuva
a dançar no meio da chuva
a pular nas poças d'água sem se importar em se molhar

aprende a fazer um chá, café, chocolate quente
e ler um bom livro olhando a chuva
ou simplesmente dormir um pouco
e aproveitar o clima

- é temporário

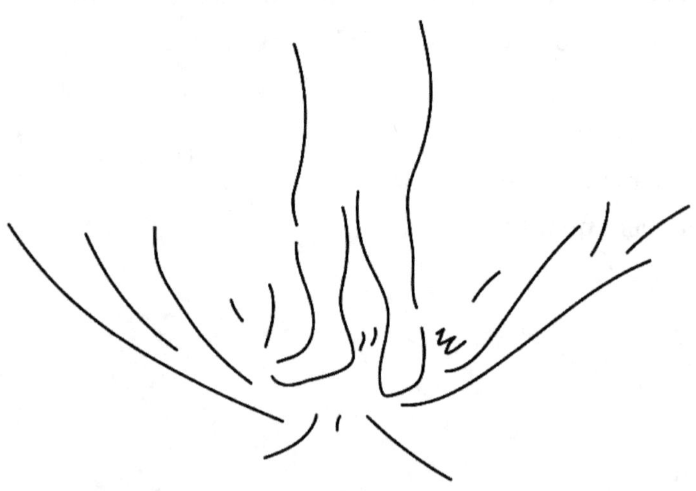

agradecimentos

Escrever meu primeiro livro e expô-lo ao mundo foi um processo extremamente difícil e até doloroso para mim, mas uma vez que consegui romper essa barreira e apresentá-lo ao mundo, eu descobri uma grande rede de apoio e suporte de diversas pessoas, muitas das quais eu jamais imaginei. Por isso, eu agradeço hoje a essas pessoas, que me fizeram sentir tão acolhida e merecedora, que me motivaram, sem saber, a começar meu segundo livro poucas semanas após publicar o primeiro. Obrigada então a Mariana Borba, Dayane Xavier, Amanda Rodrigues, Ana Júlia do Nascimento, Alexandre Rezende, Gustavo Monteiro, Vanessa Queiroz, Diego e Mércia Salvador, Yasmin Custódio, Patrícia Morita, Priscila Nascimento, Sabrina Maranhão, Jennifer Dantas, Eduardo Lira, Camila Barbosa e Marcela Acioli.

Obrigada também, é claro, aos que me apoiaram de perto e até mesmo participaram dos processos criativos desse livro. Obrigada mãe, pai, Renato Novaes, Nathália Melo e Emmily Lira. Eu não teria chegado tão longe sem vocês.

www.ingramcontent.com/pod-product-compliance
Lightning Source LLC
LaVergne TN
LVHW010541200726